Poemas y cuentos para tu alma Vol. 4

TE BENDIGO

2023

www.analiaexeni.com

«Solo por hoy, vivo a la luz de mi más grande sueño, y ese resplandor me eleva como un águila para acariciar los portales del cielo».

Analía Exeni
www.analiaexeni.com

Academia
Autores
D·EXITO

Analibro®

Ediciones
Autores
D·EXITO

Dedicatoria

Dedico este libro a todas las personas del mundo. Mi objetivo es hacerles llegar, a través de estas páginas, mis bendiciones infinitas, que brotan fervientes del manantial de mi espíritu.

A ti, que estás leyendo este libro, te digo ¡muchas gracias! ¡Te bendigo de todo corazón!, bendigo tu vida para que sea próspera y feliz y deseo que todos los días tengas mil motivos para sonreír.

ÍNDICE

Prólogo

En un mundo que va tan de prisa, detenernos para bendecir es un acto que yo catalogo como maravilloso; porque **la bendición es algo que jamás pasará de moda y siempre te pondrá en el podio de tu vida como una persona ganadora y dichosa**.

Lamentablemente, vivimos en tiempos turbulentos, cuando la vida juega una pulseada entre la maldición y la bendición. Existe mucha gente que desea lastimar a otros deseándoles el mal y enviando malos deseos, malos pensamientos, y esa energía negativa, que es invisible, pero que de verdad existe, hace daño al planeta, a la gente, a las plantas y a los animales; todo se contamina y el mundo se va enfermando cada vez más.

A mi modo de ver, **la única manera de revertir esa ecuación tan negativa es a través del amor y de la bendición**. La suma del amor y la bendición traen paz a la vida del ser humano; si practicas a diario estos dones y los entregas como ofrendas, como ramilletes de flores fragantes, invisibles pero reales, estarás haciendo de tu metro cuadrado un poderoso misil para bombardear a miles de kilómetros, ilimitadamente, a un sinnúmero de personas y seres vivos, e incluso a la Madre Naturaleza. Porque, cuando enviamos amor y bendiciones ilimitados, y lo hacemos de todo corazón, el mundo es mejor a nuestro paso.

La ecuación que te propongo sería la siguiente:

A + B = P (Amor y Bendición es igual a Paz)

¿Qué te parece esta propuesta?

Bastará con que tengas la intención de enviar a diario amor y bendiciones a todos los que te rodean: a tus familiares, a tus amigos e incluso a tus enemigos (si es que los tienes). Si eres constante, verás en corto tiempo un resultado extraordinario en tu vida, en tu cuerpo y en tu salud psicofísica; **todo mejorará para ti, pero también para los demás: serás un canal de cosas excelentes para mejorar el mundo.**

¡El poder que tenemos los seres humanos es ilimitado! En este libro te invito a descubrirlo y a ponerlo en práctica, para tu mayor bien y para todos los que habitamos en este hogar en común. Y también, ¿por qué no?, para el universo infinito, porque allí hay vida, por lo menos, hay astronautas que en este instante están navegando en naves espaciales y del mismo modo podrán gozar de la energía positiva que emana del planeta Tierra hacia todas las galaxias.

Porque cuando hacemos algo tan maravilloso como amar y bendecir a todo y a todos, estamos desatando un tornado de bienestar. Por el contrario, el odio puede desatar una guerra multiplanetaria, porque es muy poderoso, pero solo el amor y la bendición pueden detenerla, neutralizarla y acabar con ella. Hoy tú eres esa persona importante y especial que puede ser parte de esta misión tan relevante y única.

Tienes en tus manos el poder de cambiar el mundo... ¿lo harás?

Me ilusiona mucho pensar que juntos podemos lograrlo.

¡Allá vamos!

Te abrazo con mi alma y te envío todo mi amor y mis bendiciones desde el fondo de mi corazón.

Analía Exeni

Fundadora de editorial Ediciones Autores de Éxito®

www.analiaexeni.com

Cofundadora de Sagas de Éxito® y Universidad de Éxito®

www.sagasdexito.com

«Solo por hoy, bendigo y agradezco cada segundo de vida, disfruto de la naturaleza como mi mayor fuente de energía y sabiduría. Ejercito mi cuerpo y mi mente para lograr una gran elasticidad física y mental».

Analía
Exeni
www.analiaexeni.com

Academia
Autores
D·EXITO

Analibro®

Ediciones
Autores
D·EXITO

¡ME BENDIGO!

Me amo, me respeto y me bendigo.

Estoy transitando el camino correcto y perfecto.

Bendiciones como luceros irradia mi espíritu.

Encuentro en mi alma el máximo tesoro del universo.

No tengo miedo porque el valor reside en mí.

Dios me da bendiciones que superan mis expectativas.

Inmensa es mi dicha cuando recibo la riqueza infinita.

Gozar de una vida maravillosa es lo que merezco.

Oasis de bendiciones palpita en mi pecho.

«Solo por hoy, me dispongo a servir y a agregar valor a mi mundo, a los seres humanos, a la Madre Naturaleza y a todos los seres vivos que habitan, junto a mí, nuestro hogar en común: el planeta Tierra».
Analía Exeni
www.analiaexeni.com

¡TE BENDIGO!

Tengo el valor y la fortaleza de bendecirte.

En este instante y para siempre, ¡te bendigo!

Bendecirte es un regalo que ambos compartimos.

Eres una persona maravillosa, te amo y te respeto.

Nunca te abandonaré porque a tu lado soy feliz.

Dame tu mano y avancemos en un camino de dicha.

Integridad y cariño hay en mi alma para ti.

Gloriosa es la vida cuando la bendición nos enriquece.

Oro hay en tus pupilas y diamantes en tu corazón.

Delfina, eres la estrella que ilumina mi universo

Tu luz es como un cometa que amenaza la paz mundial, pero para mejorarla y elevarla... jamás para dañarla.

Haces piruetas en mi corazón una y otra vez, y allí te ríes y me abrazan tus pestañas.

¡Cuánto tiempo te esperé, y al fin llegaste a mi vida!

Los años se van muy rápido; muchas veces, quisiera detener el tiempo y ver nuevamente tus manos pequeñitas,

esas, como pedacitos de nubes de algodón que enjuagan las caricias.

Hijita, cuánto has crecido; hoy ya eres una señorita.

Tan dulce, inteligente, trabajadora, estudiosa, elegante, hermosa..., muchas cosas bellas nacen en mi corazón para ti, todas, todas, todas provienen de la mejor intención que una madre puede tener: el amor incondicional hacia lo más sagrado que nos da Dios y la vida.

Porque ser madre es algo muy especial,

a veces doloroso, a veces dulce, a veces triste, a veces alegre, pero siempre maravilloso.

Delfina

Mi corazón hoy te habla, hijita, para decirte que estoy muy orgullosa de vos, te admiro muchísimo.

Sos mi inspiración.

Superaste mis expectativas en todo, porque demostraste la excelencia en cada paso que dabas, esos pasitos firmes que edificaron un hermoso presente y, sin lugar a dudas, hilvanarán un maravilloso mañana.

Pero lo que más me pone feliz es que te superaste a vos misma y te demostraste que sí podías triunfar y hacer realidad el mayor anhelo de tu vida. ¡Lo lograste, pequeña!

Cada vez que una duda o un temor vengan a tu cabecita, te invito a recordar que tu valor y tu fortaleza te llevaron hasta donde estás hoy… Nada ni nadie puede contra vos, porque sos fuerte y sos una vencedora.

¡Sos una leona que sabe rugir fuerte y conquistar todo lo que quiere!

Habrá días hermosos y felices y, quizá, también de los otros, de esos que son un poquito agridulces. Independientemente de ello, la vida siempre es hermosa.

La vida es el regalo más especial que tenemos. Aprovecharla y hacer que valga la pena es un desafío diario. Te pido que lo recuerdes siempre.

Fuiste la bebita más sonriente y dulce de este planeta.

Todos en casa hacíamos fila para verte sonreír.

Creciste muy rápido, hijita.

Ahora sos una jovencita ejemplar y encantadora. Hoy hacemos fila para verte brillar, con todo tu lucero. Tus chispitas de luz traspasan el continente y llegan siempre a nuestro encuentro.

Estás labrando una vida de valores que hacen mejor a este planeta.

Tus ejemplos, como estelas en la mar, van marcando un modelo para imitar, van dejando un rastro de flores, un mapa de estrellas.

Tu legado de amor ya es una realidad, y es hermoso como ese corazón que canta en tu pecho.

Disfrutá de la vida cada día, cada minuto y cada segundo.

La vida es corta, pero se engrandece si la sabemos disfrutar y, principalmente, si la valoramos.

Reí mucho, muchísimo, hasta que te duela la panza, porque la risa siempre será buena en tu salud.

Te deseo que en tu vida siempre haya amor y motivos para amar incondicionalmente; que la felicidad sea el pan de cada día en tu preciosa existencia.

Soñá siempre en grande y jamás tengas miedo a algo externo;

recordá que el valor reverdece a diario en vos, porque en tu núcleo está todo el poder del universo.

Hija hermosa, mi princesa adorada, hoy te rindo este homenaje para decirte que siempre siempre podés contar conmigo en todas las situaciones de la vida, y que, mientras esté en este plano terrenal, voy a extenderte mi mano con cariño y devoción.

Mi corazón siempre está abierto de par en par para vos, como un portal de amor, para brindarte todo lo que soy y todo lo que tengo, cada vez que me necesites.

Muchas gracias por brindarme el honor más grande
de mi vida, el de ser tu mamá.

Te amo, hijita.

Feliz Primavera
PRIMAVERA

¡Te bendigo infinitamente!

No sé dónde estás en este momento,

pero te envío mis bendiciones infinitas. Ellas salen de mi alma

y viajan a la tuya.

Bendecirte me hace feliz

porque te pienso sonriente, alegre, y eso me motiva.

Te visualizo en el teatro de mi mente como una persona exitosa y triunfadora

y pienso, con amor y franqueza que, si te sigo enviando bendiciones,

vas a triunfar en todo lo que te propongas.

Y yo quiero ser ese empujoncito que te ayude a ser una persona feliz y dichosa.

Bendigo a mis padres, que me dieron la vida

Bendigo a mis padres,

esos seres de luz que me dieron el privilegio de existir.

Bendigo todos los momentos compartidos.

Bendigo las risas y las lágrimas.

Bendigo el dolor y la caricia.

Bendigo la pobreza y la bonanza.

Bendigo a mis hermanos, esos seres maravillosos que han crecido junto a mí.

Bendigo el hogar que hemos compartido.

Bendigo el pan que nos alimentó.

Bendigo a nuestras mascotas.

Bendigo todo lo que nos separó y el nexo que finalmente nos unió de por vida.

Bendigo a mis sobrinas y sobrinos.

Bendigo a toda nuestra familia.

Bendigo a Lidia y Adán,

mis amados padres, que me dieron la vida.

Bendigo a mi familia

La familia no se elige, pero sí podemos decidir de qué forma convivir con sus miembros.

La familia es una bendición siempre, aunque muchas veces nos lastimamos unos a otros.

Del dolor debe nacer el perdón si anteponemos a él la bendición.

¡Agradece por la familia que Dios te dio!

No la desprecies jamás

porque, si aprendes a amar, respetar y bendecir a todos por igual,

serás una persona dichosa con un corazón lleno de primavera que ningún invierno podrá marchitar.

Bendigo a mis amigos

Los amigos son esos seres mágicos que hacen mejor nuestra existencia.

Son esos tesoros que enriquecen nuestra vida en todo tiempo y lugar.

Porque ellos viajan en el vagón de primera clase de nuestro corazón

y allí están para hacernos mejores de lo que somos hoy.

Porque un amigo tiene el poder de elevarte como ser humano

y, si la amistad es verdadera (no puede existir otra),

siempre, siempre, siempre te transformará en un titán.

Bendice a todos tus amigos y apóyalos en todas sus crisis,

porque el dolor aminora cuando los brazos de un amigo te cobijan.

Tener amigos es una de las bendiciones más grandes de la humanidad.

Da gracias por todas las amistades que hoy son como las estrellas en tu Vía Láctea.

La luz de un amigo siempre será perpetua en tu mirada.

Un amigo es quien grita a viva voz tus virtudes y enmudece ante las cosas que tienes para mejorar.

Un amigo jamás querrá opacarte,

por lo contrario, siempre te hará brillar como un millón de soles en la noche más oscura.

Una mascota también es un amigo verdadero, y será de las amistades más profundas y sinceras que puedas experimentar.

Animal o ser humano,

un amigo es alguien que te hace una mejor persona

porque has tenido la dicha de cosechar la flor de la amistad.

Un amigo es agua en el desierto.

Un amigo es un remanso para la tristeza.

Un amigo es un paraíso de alegrías.

Un amigo es el sol de noche.

Un amigo es el sabor agridulce de risas y lágrimas.

Bendigo mi trabajo

Mi trabajo ennoblece mi vida; por eso, lo amo y lo bendigo.

Ser obrera de las palabras eleva mi existencia a ese paraíso que yo a diario edifico.

Amo mi labor de escribir, de construir puentes a través de las páginas de un libro.

Ser escritora es un premio que a diario recibo.

Bendigo mi hogar

Hoy hace mucho frío, y un techo me cobija.

Tener un hogar es una bendición

y, muchas veces, no lo valoramos hasta que nos vemos despojados.

Bendigo mi hogar.

Bendigo la cama en la que a diario descanso.

Bendigo la mesa en la que tomo mis alimentos y agradezco infinitamente por ellos.

Bendigo el agua con la que me hidrato.

Bendigo todos los muebles de mi casa, que me brindan confort y elegancia.

Bendigo mi jardín, el cual es un pedacito de universo que perfuma mi alma.

¿Cuántas personas y cosas podemos bendecir?

No hay tiempo ni lugar para la bendición.

Podemos bendecir a muchas personas y cosas de manera ilimitada.

Si yo te digo ahora que bendigo la computadora en la que trabajo…

¿te reirías de mí?

Bueno, espero que me creas,

pero la verdad es que, sí, bendigo a mi computadora y a todos mis elementos de trabajo, que a diario hacen mejor mi vivir.

Bendigo a las personas que inventaron las computadoras y las máquinas de escribir.

Bendigo a Gutenberg, que inventó la imprenta.

Bendigo a todos aquellos que hacen mejor este mundo con sus inventos.

Bendigo a los médicos, que salvan vidas.

Bendigo a las plantas y flores, que hacen más bonita la vida.

Bendigo a los animales, que nos dan cariño y caricias.

Bendigo todas las cosas que hacen mejor nuestra humilde experiencia de existir.

Bendigo el sol, que me ilumina

Bendigo el sol, que brilla y me hace brillar.

Bendigo el sol, que enmudece mis pupilas.

Bendigo el sol por darme un rayito de vida.

Bendigo el sol porque, a pesar de estar a millones de años luz, jamás se olvida de regalarme una caricia.

«La paz se construye
con el amor verdadero,
ese que es huérfano y
desinteresado,
ese que es pobre,
desterrado y humilde,
pero que sabe edificar
los más sólidos
imperios».
www.analiaexeni.com

Academia
Autores
D·EXITO

Analibro®

Ediciones
Autores
D·EXITO

Porque te amo, te bendigo

Porque te respeto, te bendigo.

Porque te valoro, te bendigo.

Por nuestras diferencias de pensamiento, te bendigo.

Por esas peleas que nos han alejado, te bendigo.

Por tanto dolor compartido, te bendigo.

Por ser alguien que siempre ha estado a mi lado a pesar del sufrimiento, te bendigo.

Porque te amo incondicionalmente, te bendigo.

Paloma labradora, te bendigo

Día tras día das calor en tu nido.

Ni la lluvia incesante ni el viento galopante te apartan de tus huevitos.

Hoy vino el jardinero a podar los árboles...

¡Ohh, Dios mío!

Estuviste en riesgo de perderlo todo en un microsegundo...

Pero, por fortuna, me percaté del riesgo y pude prevenirlo.

Todos los días te observo silenciosa por mi ventana y me deleito con tu oficio.

Eres una paloma labradora de cobijo.

¡Allí estás!,

tejiendo una oda de amor para tus futuros pichoncitos.

Un día inesperado, ellos rompen el cascarón y al fin tu existencia cobra el máximo sentido.

Palomita hermosa, labradora de cariño, yo te bendigo.

«La mejor tierra que podrás colonizar es la de tu corazón».
www.analiaexeni.com
Academia
Autores D·EXITO
Analibro®
Ediciones
Autores D·EXITO

No escribas un libro... escribe una obra maestra para el alma

Tu primer *best seller* está en tu corazón.

Será la tinta de tus latidos la que le dé vida a esa gran obra literaria, que ahora está aletargada en tu alma.

Solo tú puedes aventurarte a tierras desconocidas,

solo tú puedes descubrir una nueva melodía,

solo tú puedes convertirte en el autor de una obra maestra para el espíritu.

Los días pasan...

Los días pasan... son como corceles indomables,

nadie puede detener su andar desbocado.

Solo nos queda aprovechar al máximo cada momento

que transitamos.

La vida es bendición infinita

La vida es una bendición, jamás lo dudes.

Habrá jornadas en las que pierdas la calma e incluso las ilusiones.

Pero, si puedes aferrarte a una esperanza, la vida volverá a encarrilarse y te dará nuevas oportunidades.

La vida es muy simple, pero los seres humanos la complicamos.

Vivir es el mayor regalo:

ponte tu traje de gala y sal a la fiesta que la vida a diario te regala.

La vida es una obra de arte para el alma

En el anfiteatro de mi espíritu, mi risa es la actriz principal.

Las lágrimas son antagonistas.

Pero, en ocasiones, intercambian los papeles.

Son ellas, lágrimas y risas, las que dan sentido a la obra de cada día.

Mientras haya un día más de vida... habrá más lágrimas y más risas.

Mientras haya más lágrimas y más risas... habrá motivos para un nuevo día.

La vida es tornasol.

La vida es azúcar y sal.

La vida es cielo y mar.

La vida es un verbo sin conjugar.

La vida es un libro por escribir.

La vida es un anfiteatro de sueños sin estrenar.

La vida es la promesa de un nuevo presente encarnado en un mañana.

La vida es carmesí de esperanza.

«Tú puedes hacer de tu existencia una obra de arte».

Analía
Exeni
www.analiaexeni.com

Academia
Autores
D·EXITO

Analibro®

Ediciones
Autores
D·EXITO

Tu amor deja huellas

Como miguitas de pan, tu amor va dejando rastros en el camino.

Como abejas en su colmena, tu amor genera miel de la buena.

Como un vaso de agua en el desierto, tu amor es oasis y refresco.

Como las nieves de la cordillera, tu amor es perpetuo y eterno.

Como el sol del mediodía, tu amor es mezcla de calor y brisa.

Como la primavera, tu amor siempre trae perfume de fresias.

La felicidad late en mi corazón

¡Cuánta dicha siento el día de hoy!

Mis latidos bailan al compás del canto del ruiseñor.

La vida se viste de fiesta, con su vestido largo y sus tacos altos.

La copa está servida… ¡Vamos a brindar!

Hoy la felicidad late en mi corazón.

Tal vez mañana no cuente con tanta dicha…

Por eso, hoy aprovecho al máximo esta bendición.

El amor hace posible lo imposible

El amor lo hace todo factible.

Es como una varita mágica, de esas de los cuentos de hadas,

esas que, con un abracadabra,

materializan en un instante las cosas más deseadas.

Así de mágico es el amor: en diamantes

puede convertir nuestras lágrimas.

«Solo por hoy, me enorgullezco de mis logros y aprendo de mis fracasos, comprendiendo que todo termina siendo un camino maravilloso de aprendizaje».
www.analiaexeni.com

No hay que descansar en acciones de paz

Hay que ganarle a la guerra con acciones continuas de paz.

Pero ¿cómo construimos la paz en nuestros corazones?

La paz se construye con el amor verdadero, ese que es huérfano y desinteresado,

ese que es pobre, desterrado y humilde,

pero que sabe edificar los más sólidos imperios.

En las peores adversidades, lo único que nos mantiene en pie es la fe

La fe es invisible, como la esperanza.

La fe es como la muerte y la vida: inevitable.

La fe es como la promesa del sol a las doce del mediodía: cálida y reconfortante.

La fe es como las olas del mar: bravía y mansa.

La fe es lo que mantiene en pie a la humanidad.

La fe es lo que te permite abrir los ojos cada día y sobrevivir nuevamente.

Dios nos da dificultades para hacernos más fuertes

Los problemas son el combustible de la vida.

Sin ellos, nada tendría sentido...

¡Agradece tus problemas!

Porque ellos solo están para fortalecerte.

Tonificarán los músculos de tu alma cada vez que los resuelvas.

La vida se torna más bonita cuando una dificultad resuelta te guiña el ojo y se despide para marcharse indefinidamente.

No busques la felicidad; si vives en plenitud, ella te encontrará

¡Vive en plenitud!

Sé feliz hoy: tienes en tu haber otras veinticuatro horas.

¿Mañana?,

jamás ha existido un mañana, pero siempre habrá un hoy...

Nunca dejes de soñar,

si sabes soñar en grande,

de vez en cuando la felicidad te visitará.

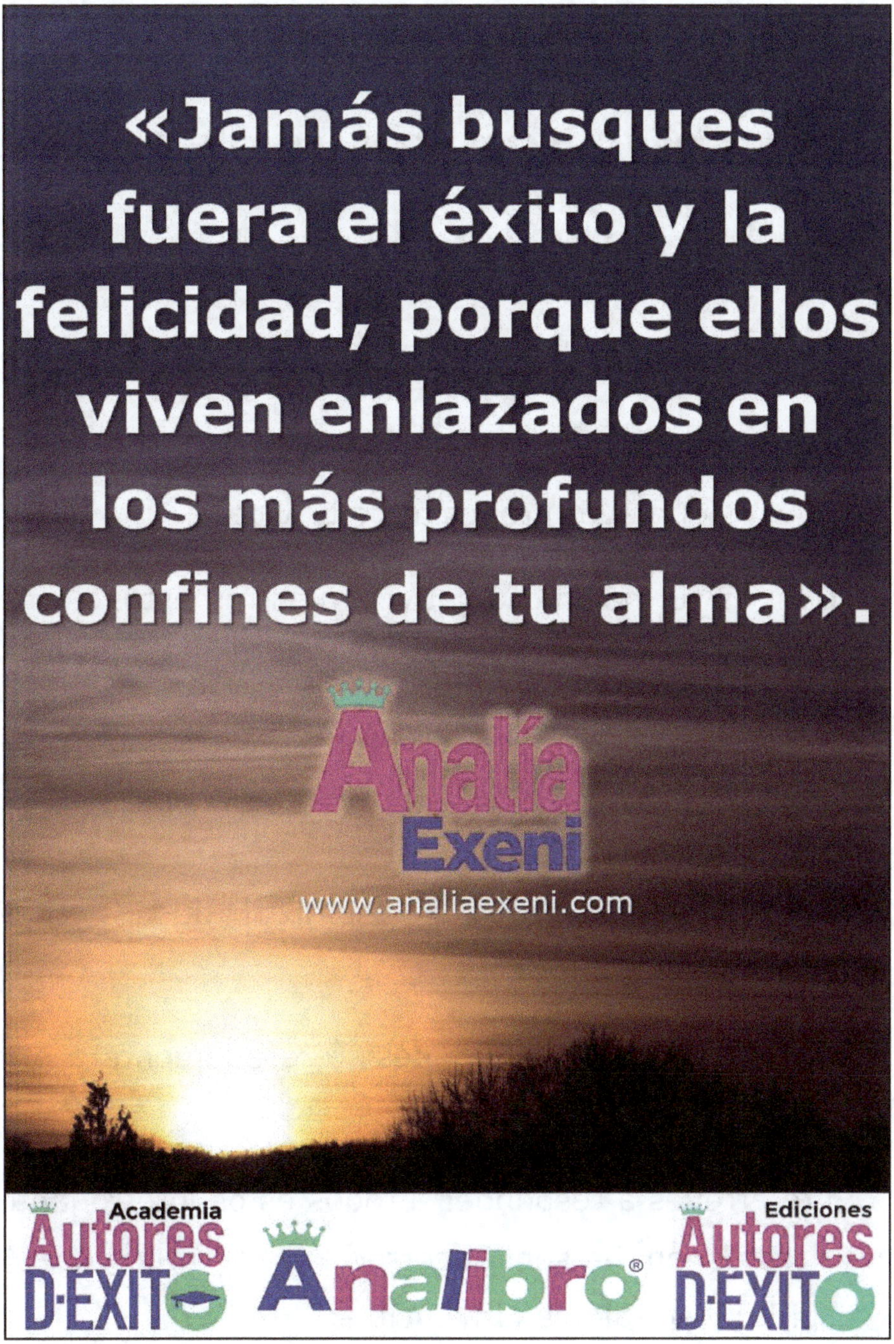
«Jamás busques fuera el éxito y la felicidad, porque ellos viven enlazados en los más profundos confines de tu alma».
Analía
Exeni
www.analiaexeni.com
Academia
Autores
D-EXITO
Analibro®
Ediciones
Autores
D-EXITO

Los grandes objetivos mantienen rejuvenecido el espíritu del ser humano

¿Cuál es el mayor propósito de tu vida?

¿Cuál es tu máximo objetivo, mientras estás en este plano terrenal?

¿Hacia dónde va tu vida ahora mismo?

¿Cómo cuidas a diario tu salud psicofísica?

¿Cómo proteges tu paz espiritual de los ruidos externos?

¿De qué manera ayudas desinteresadamente a otras personas?

Si te atreves a responder a todos estos interrogantes, ya estás en la senda correcta para robustecer tu espíritu y ser alguien invencible.

¡Te lo garantizo!

Que la felicidad siempre reine en tu alma

¿Te gobierna la felicidad o el odio y la desdicha?

¿O tú los gobiernas a ellos?

La felicidad solo reinará en tu vida en la medida en que tú tomes las riendas de tu existencia

y elijas,

por decreto,

¡ser feliz!

Hoy estamos celebrando la fiesta de la vida y del amor

La vida es amor.

El amor es vida.

¡hoy y solo hoy es un día de fiesta!

Estamos invitados a celebrar el amor y la vida en un agasajo que será extraordinario.

Eres el invitado de honor a esta celebración.

¡Te doy la bienvenida!

Saber dar y recibir mantiene en equilibrio el sistema de la abundancia infinita

La abundancia infinita es una con el ser humano.

Pero, entonces, ¿por qué hay pobreza?

Las personas a menudo pensamos que es más importante dar que recibir...

Pero, en realidad, ambas acciones son del mismo calibre, del mismo tenor y de la misma valía.

Cuando aprendemos a dar en la misma manera en que nos gusta recibir, traspasamos los portales hacia la abundancia infinita.

«Da lo mejor, y lo mejor vendrá. El mundo es tu espejo».
Analía Exeni
www.analiaexeni.com
Academia
Autores D·EXITO
Analibro®
Ediciones
Autores D·EXITO

Transformando las sombras en luces para el espíritu

Las luces y las sombras se entremezclan en un corazón adolescente.

La noche se hace día y el día se nubla.

Hay dolor y cicatrices, hay tristeza y descontento.

Nadie está a la altura, nadie puede ofrecer una mano amiga; el sufrimiento deja grietas.

Los amigos imaginarios son los mejores amigos.

Hay muchos interrogantes y ninguna respuesta.

La gente se aleja,

el mundo enmudece,

las luces se apagan,

los ojos se cierran involuntariamente por la fatiga…

Pero el corazón habla.

Solo podrás transformar tus sombras en luces para tu espíritu

cuando aprendas a amarte a ti mismo.

Tu libro es tu legado de amor

Escribir le dará alas a tu alma.

Tu corazón hablará en tu libro.

Escribir una obra literaria te dará una felicidad indestructible.

Toda tu luz será como un resplandor a través de tus palabras.

Vas a experimentar un viaje a otra dimensión...

La música de tu voz,

la melodía de tu alma,

la ópera de tu corazón,

como un espejismo, todo se verá reflejado en las páginas de tu libro.

Eres grande de alma y de espíritu:

un superhumano.

Naciste para brillar, con un talento inmenso.

¡Escribe tu libro!

Deja tu legado de ternura para el mundo.

Deja tu huella perpetua en el planeta.

Atrévete a ser un escritor y vivirás para siempre en las almas de quienes te lean.

Tu libro será tu herencia de amor, un amor perpetuo e infinito.

«Solo por hoy, soy el arquitecto de mi edén, lo construyo a la medida de mi vida de ensueño».
Analía Exeni
www.analiaexeni.com
Academia
Autores D·EXITO
Analibro
Ediciones
Autores D·EXITO

Si haces el bien, siempre te irá bien

Ser una buena persona y hacer el bien diariamente

debería ser el pan caliente sobre el mantel de tu mesa.

La vida es como un búmeran: recibes lo que das

o, dicho de otra manera: lo que das te regresa.

Sabiendo esta ecuación, ¿cuánto bien vas a hacer hoy?

¡Te bendigo, hija! ¡Te bendigo, hijo!

Ser padres es un milagro de la vida y, como tales, debemos dar gracias por tanta dicha.

La salud de un hijo es el tesoro más grande de una madre y de un padre.

Enviar bendiciones a diario a nuestros hijos debería ser nuestro mayor propósito.

Visualizarlos sanos psicofísicamente

y, en la medida de lo posible, ¡que sean felices! Es el deseo de toda mamá y de todo papá... han nacido para ello.

Porque son un milagro viviente y merecen la caricia de la dicha de existir.

Desconéctate de toda la tecnología y solo conecta tu corazón con el corazón de tus hijos, abrázalos y bésalos mucho si tienes el privilegio de tenerlos cerca.

«¡Te amo!»: este es un regalo diario que siempre edifica el alma de quien lo recibe.

Si amas y honras a tus hijos, estarás amando y honrando tu propia existencia.

Las pequeñas cosas hacen a las personas más grandes de espíritu

Un amanecer rojo deleita mi retina; lo agradezco y lo bendigo.

Una taza de café calentito me endulza el corazón; lo agradezco y lo bendigo.

La mirada de mi mascota me alegra la vida; lo agradezco y lo bendigo.

Una flor me regala su perfume; lo agradezco y lo bendigo.

Un vaso de agua calma mi sed luego de hacer ejercicio; lo agradezco y lo bendigo.

Mi trabajo me gratifica; lo agradezco y lo bendigo.

Reír a carcajadas me alarga la vida; lo agradezco y lo bendigo.

Una cena con mis amigos me da un tiempo de calidad exquisito; lo agradezco y lo bendigo.

Las manos de mi madre amasando fideos en la cocina son una poesía, un tesoro para mi espíritu; lo agradezco y lo bendigo.

Paisajes del alma

Oscuridad.

Tornasol.

Tormenta.

Mar bravío.

Primavera gentil.

Sedosa tarde de abril.

Caudalosa noche de estrellas.

Girasol.

Antorcha en una caverna.

Muerte.

Vida.

Esperanza.

Fe perdida.

Promesas.

Dolor.

Cicatrices.

Paz pasajera.

Golondrina viajera.

Copiosa alegría.

Verano intenso.

Invierno cruel.

Sol.

Destino.

Torbellino de arena.

Amor expresado en un poema.

«Así como aprendemos a caminar y a correr, debemos educarnos para ser felices sanamente».

Analía
Exeni
www.analiaexeni.com

Academia
Autores
D·EXITO

Analibro®

Ediciones
Autores
D·EXITO

¡Haz lo que amas de verdad!

Hacer lo que amas y amar lo que haces es el mayor secreto revelado para tener éxito y felicidad en tus proyectos y en todo orden de tu vida.

El que ama es bondadoso.

El que hace lo que ama es generoso y solidario.

No hay manantial más delicioso que gozar del amor y la paz espiritual en un corazón lleno de bondad.

¡Descubre este oasis y hallarás tu porción de paraíso terrenal!

Los mineros más acaudalados del universo

En Paraíso Escondido, a orillas de un mar majestuoso lleno de espuma verde como las promesas del corazón, en la Costa Atlántica argentina, vive Esperanza, una mujer dotada de los valores más bonitos con los que una persona pueda engalanar su espíritu.

Esperanza es una mujer acaudalada. **Ella, muchas décadas atrás, descubrió la mina de oro más grande del planeta Tierra: la que busca el oro del corazón del ser humano.** No es física ni está dentro de una montaña; tampoco es necesario extraer de ella el material precioso a pico y pala o utilizando pesadas maquinarias, que contaminan el planeta. Todo lo contrario, en esta mina, se puede trabajar de una manera limpia, pura, sin contaminar el ambiente con tóxicos para el ser humano y, mucho menos, dañando a la Madre Naturaleza.

¿Cómo Esperanza logró construir una mina tan grande en Paraíso Escondido? **¿Cómo encontró el camino hacia el oro del corazón humano?** Primeramente, lo hizo porque fue la única manera de edificar la vida que siempre había anhelado, una vida de valores, de grandes propósitos y, en especial, una vida extendiendo su mano a otros.

Esperanza siempre había habitado a orillas del mar y había encontrado aquí, en Paraíso Escondido, la inspiración para todos los propósitos de su vida; los máximos sueños de su existencia habían nacido a orillas del mar. Se dice que la esperanza, como valor, tiene el color verde, y es común escuchar que algo es verde como la esperanza. Y así ella, portadora de este hermoso nombre, descubría día tras día, en sus caminatas a orillas del océano, esa espuma verde, donde iniciaban y terminaban todos sus sueños, todos sus anhelos, y donde las promesas se transformaban en realidad. **Allí ella había edificado un imperio de amor desde cero. Se había edificado a sí misma.**

Esperanza construyó esta mina y logró ser una de las personas más ricas de la tierra. También enriqueció a otras personas. **Lo hizo transformándose en minera y buscando los tesoros más ocultos del corazón humano**, esos que sabemos que existen, pero que pocas personas, a lo largo de su existencia, logran hallar, disfrutar de ellos y ponerlos al servicio de otros. **En su mina, Esperanza había logrado construir estos valores y, en consecuencia, también aprendió a utilizarlos correctamente y a enseñarlos a otros seres humanos.** Fue entonces cuando ella se transformó en una minera, en una persona que escarba en la oscuridad para encontrar luz, que atraviesa los túneles para llegar a un oasis, que rompe todas las barreras para encontrar la mayor plenitud de la cual un ser humano puede gozar.

Esperanza dijo un día que el único secreto era dar el primer paso, colocar la piedra fundacional, atreverse a avanzar y tomar acción, salir de la zona de comodidad: todo lo que representa dejar de procrastinar y por fin ponerse en acción. Y, a través de la acción continua, de la disciplina y de levantarse todos los días dispuesta a edificar su sueño, ladrillo tras ladrillo, logró construir esa mina, que hoy es su mayor posesión y que se engrandece día a día al compartirla con los demás.

Su mina posee diez claves principales, las cuales la han engrandecido. Y ella ha transformado estas claves en un decálogo para compartir su dicha con los demás. El decálogo está basado en diez valores fundamentales: los diamantes que se extraen de esta mina.

Decálogo de los valores más grandes del corazón humano

1. <u>Amor:</u> me predispongo a dar y recibir amor incondicional.

2. <u>Bondad:</u> soy bondad y todos a mi alrededor también lo son, porque solo en la bondad puede florecer el alma más pura de un ser humano.

3. <u>Confianza:</u> confío en todas las personas que me rodean y, a su vez, ellas confían en mí, porque solo en la confianza podemos construir nuestras metas inquebrantables.

4. <u>Honradez:</u> soy una persona honrada y todos los que me rodean también lo son, porque solo en la honradez podemos edificar los mayores propósitos de la humanidad.

5.   <u>Libertad:</u> soy libre porque, a través de la libertad, puedo sentir que mi vida tiene un propósito sobrenatural.

6.   <u>Solidaridad:</u> la solidaridad es una bandera blanca en mi vida. Doy y recibo todo lo que siempre he soñado, porque la solidaridad es una varita mágica que posibilita todo a nuestro alcance.

7.   <u>Paz:</u> gozo de una paz profunda en mi corazón, y contagio esa dicha a todos a mi alrededor.

8.   <u>Respeto:</u> doy y recibo un respeto incondicional porque, solo a través de él, el ser humano puede brillar.

9.   <u>Responsabilidad:</u> soy responsable de todas mis acciones y todas las personas a mi alrededor también lo son, porque la responsabilidad es luz en mi existencia.

10. <u>Tolerancia:</u> soy una persona tolerante y todos a mi alrededor también lo son porque, a través de la tolerancia, puedo edificar un mundo mejor.

Mediante este decálogo tan simple y sencillo, Esperanza pudo construir un mundo mejor pasito a paso, buscando el oro en el corazón humano. Encontró lingotes y grandes diamantes y, al compartirlos, pudo cosechar la vida que siempre había soñado no solamente para ella, sino también para otros seres humanos. Descubrió que el valor es la mina más grande que las personas podemos cultivar en nuestro espíritu. **Tener valores nos hace seres humanos mejores, nos hace personas sobresalientes.** Porque los valores son esas joyas que están escondidas, muy ocultas, en el espíritu del ser humano; solo a través de la perseverancia, de la constancia y del amor podemos hallarlas. Entonces, una pequeña luz empieza a iluminar el mundo. **Y, si muchas luces se juntan, porque muchos corazones han descubierto el oro en su interior, un día el mundo será un sol radiante que dará riquezas a todos sus habitantes.**

Al igual que Esperanza, todos tenemos la capacidad de ser mineros del corazón, todos podemos ser los seres humanos más acaudalados del universo.

La fórmula del millón de dólares espirituales

Esperanza enseñó a todos sus mineros la fórmula matemática de la abundancia infinita. Esta fórmula consistía en multiplicar 5 veces por 10 aquellos valores que consideraba los más importantes para los seres humanos. **Estos valores, denominados *diamantes*, eran los que elevaban a cada ser humano a un universo de abundancia infinita.**

Los diamantes de la mina de Esperanza, los diez valores más ricos de la humanidad:

1. Amor

2. Bondad

3. Confianza

4. Honradez

5. Libertad

6. Solidaridad

7. Paz

8. Respeto

9. Responsabilidad

10. Tolerancia

Si cultivas estos diez valores a diario, serás una persona acaudalada, serás de los seres humanos más ricos del planeta. Esto quiere decir que cada día se deben poner en práctica acciones que lleven a cumplir cada uno de estos valores, acciones que sean enriquecedoras de uno mismo y de los demás. Así, multiplicando 5 veces por 10 cada uno de estos valores espirituales, el ser humano finalmente logrará un millón de dólares espirituales.

$ 10

$ 100

$ 1000

$ 10 000

$ 100 000

$ 1 000 000

Muchos seres humanos persiguen el éxito y la riqueza personal focalizándose primordialmente en la parte económica. **Sin embargo, es posible construir una riqueza superior, la del espíritu, que luego permitirá la riqueza en todos los órdenes de la vida.**

Cualquier ser humano que siga las humildes enseñanzas de Esperanza logrará un millón de dólares espirituales, y así podrá edificar una vida a la medida de sus más grandes sueños. Porque todos hemos venido a esta tierra para ser ricos y para vivir una vida espectacular, solo es necesario dar ese primer paso para luego abrazar la abundancia en todos los órdenes de nuestra existencia.

«Solo por hoy, bendigo a las personas que me rodean, deseándoles lo mejor en todos los órdenes de la vida. Las visualizo triunfando y siendo muy felices».

Mi corazón late con el tuyo

No estás,

pero estuviste...

Fuiste un manantial de cosas bonitas,

una catarata de alegría.

Pero luego el dolor fue más profundo que el mar.

Te amé,

me amaste,

nos amamos con locura y vehemencia.

Ahora no te veo cuando despierto ni a la hora del café...

No me nombraste en tu testamento al partir, no me entregaste los tesoros ni las gemas de tu corazón.

Sin embargo, todo eso siempre ha sido mío, como lo son también los recuerdos de un tiempo feliz y genuino que supimos compartir.

Siempre te he extrañado,

como la luna al sol,

como el cielo al mar,

como el desierto a un campo de lavandas que jamás verá...

La primavera fue corta, y el invierno, una eternidad.

Mi corazón siempre latirá en tu pecho, y el tuyo, en el mío, jamás dejará de palpitar.

Dios mora en nuestras almas

No busques a Dios fuera,

sino cerquita de tu corazón.

Él late junto a ti.

Los 365 días del año, hay un Dios en tu corazón.

La dicha es más grande cuando se comparte

Cuando las cosas bonitas se comparten, se multiplican.

La sonrisa contagia otras sonrisas y se forma una oda de alegría.

Un abrazo multiplicado puede ser tan alto como un rascacielos, porque la dicha eleva el espíritu humano.

La magia de compartir hace pequeños los problemas,

engrandece a las personas que saben hacerlo

y enaltece a quienes son agradecidos al recibir.

Jesús hizo el milagro de la multiplicación de los panes y los peces

y de allí podemos aprender que la dicha más grande del ser humano es compartir con otras personas

lo poco o mucho que poseemos.

Así, nos enriquecemos mutuamente.

Siempre estás en mi corazón latiendo conmigo

Viajamos unidos al espacio infinito,

allí, donde la gravedad no existe y el oxígeno es oro líquido.

Una nave interplanetaria nos ofrece su recinto…

¿Esto es real o lo estoy soñando?

Intento pellizcarme, pero no puedo…

Seguimos allí.

Compartimos risas y llanto.

Celebramos alegrías y tristezas.

¡Ay, cómo duele…!

¿Acaso tiene sentido la vida sin tormentas de granizo?

Mi alma es un desierto ahora, pero en mi corazón se esconde un oasis.

Excavando pozos he construido un aljibe que me salva de morir de sed.

El agua moja la tierra y hace fértiles las cosechas.

El río se acrecienta, lleva vida a los peces y ofrenda a los prados.

La nieve se derrite, el pasto está seco bajo ella.

Las flores son invisibles ahora,

pero las semillas prometen una buena primavera.

Valora cada día como si fuera el último de tu existencia

¿Acaso hoy es el día de mi muerte?

¿Será que hoy es mi partida definitiva de la tierra?

Si es así, ¡es mejor que lo aproveche!

Que cada segundo valga la pena.

Que pueda dejar mi huella para que la gente sepa que yo he caminado por aquí...

Que mis tristezas y mis alegrías se entremezclen.

Que se forme ese cóctel delicioso que es vivir el presente.

Siempre brillas en mi alma

Querido sol,

astro celestial,

señor brillante,

¡gracias por iluminarme!

Yo era una persona vacía,

con mucha oscuridad interior,

con miserias humanas que superaban cualquier intento
por vivir feliz...

Yo era una persona que murió su propia vida mil veces,

que jamás aprendió a sonreír,

que jamás supo conjugar la paz con la consternación.

Pero un día llegaste...

y tus rayos me endulzaron

y me dieron a probar un néctar que jamás,

ni en los mejores sueños, conocí...

Entonces, me enamoré de tu energía,

me enamoré de tu brillo,

me enamoré de tu calor,

me enamoré de tu tibieza...

Y eso me salvó,

me dio libertad,

me regaló alas,

me coronó el alma con la diadema de la felicidad.

Eres un ángel de luz

Desde el cielo te veo bajar y hacer milagros cotidianos.

Un día le regalas un pan al hambriento y, al siguiente, un vaso de agua al sediento.

A diario haces tus travesuras, y todas ellas se traducen en alegría.

Eres mi ángel, el celestial, el amado, el esperado, el especial y bondadoso que hace de los problemas un manantial de paz.

¿Cuán grande es tu potencial? No lo sabrás hasta que te desafíes a ti mismo

Hoy puedes convertirte en aquello que tanto has soñado.

Hoy puedes ser ese superhéroe de las historietas.

Hoy puedes ser todo lo que tú quieras.

Hoy puedes brillar y, con tu luz, iluminar más allá de lo que los ojos humanos pueden mirar.

Hoy es ese día que tanto has esperado.

Hoy es el día en que das el primer paso para triunfar...

¿Aceptas el desafío?

¿Vamos?

«Solo por hoy, comprendo que amarme sinceramente es lo único que me dará verdadera riqueza. Porque, si no estoy bien conmigo, no podré amar a otros ni vivir en plenitud ni en prosperidad».
www.analiaexeni.com

¡Hasta pronto!

Este es el final del libro y el inicio de un nuevo capítulo de tu vida.

Deseo, de todo corazón, que estas humildes páginas hayan agregado en ti un profundo valor en diferentes aspectos.

Nos despedimos hasta el próximo libro.

¡Un abrazo lleno de amor!

Analía Exeni

¡S O R P R E S A!

Envíame una foto tuya con el libro a mi email:

autoresdexito@gmail.com

¡Recibirás un obsequio muy especial!

- ✓ **Te regalaré uno de mis libros** a tu elección (en formato electrónico).
- ✓ Tendrás un 15 % de descuento en una sesión de **Coaching para Autores de Éxito**, para que escribas tu propio libro *Best Seller*.

¡Yo soy tu coach!

Coach Profesional de Escritores.

www.analiaexeni.com

Biografía de la autora, Analía Exeni

Analía Exeni es una reconocida empresaria editorial y una prestigiosa poeta y escritora internacional *best seller*; sus más de cien obras literarias han triunfado en varios países y han ocupado los primeros lugares en los *rankings* de los libros más vendidos.

En su amplia carrera profesional de más de veinticinco años, se desempeñó como gerente de recursos humanos en empresas multinacionales y también fundó y dirigió su propia consultora de desarrollo organizacional, en la que formó líderes empresariales; algunos hoy ocupan cargos jerárquicos y otros han triunfado internacionalmente con sus propios emprendimientos. Impartió capacitaciones sobre liderazgo y desarrollo empresarial en empresas, universidades y colegios. Analía garantiza que «el talento humano es ilimitado, solo necesita ser desafiado».

En su gran labor filantrópica, ayudó a través de su fundación a personas e instituciones con entrenamientos para que «desarrollen su máximo potencial». Como experta en liderazgo, ha ayudado a miles de personas a alcanzar el éxito y la felicidad.

Es conferencista internacional, coach empresarial, licenciada en Administración de Recursos Humanos y máster en Administración de Negocios.

Con respecto a su labor literaria, afirma lo siguiente:

«Mi objetivo de vida es aportar herramientas para la construcción de un mundo mejor».

«Nací siendo escritora y partiré de este maravilloso mundo siendo escritora. Porque escribir, para mí, es como respirar o sonreír, es lo más natural del mundo y es lo que hago a diario con todas las células de mi cuerpo conectadas con el universo de mi espíritu».

«Escribo desde que tengo consciencia y uso mi razonamiento y mi pasión para escribir desde el alma. Aproximadamente a los diez años, comencé a escribir mis primeros poemas y cuentos y, hasta la fecha, sigo escribiendo con el mismo ímpetu de esa pequeña niña llena de frondosas ilusiones».

A lo largo de su vida, ha escrito y publicado más de cien libros de su propia autoría. Muchos de sus textos habían quedado archivados en el baúl de los recuerdos, pero, luego de atravesar por un cáncer y de tener la fortuna y la fortaleza de sobrevivir, ha decidido sacar a la luz todos sus libros inéditos. Por eso, paso a paso, su creación completa se está mostrando al mundo, y supera ya la centena de libros. Esta meta es la que la mantiene viva cada día y por lo que trabaja incesantemente, entregándose en cuerpo y alma.

Sus obras literarias han triunfado en varios países y han ocupado los primeros lugares en los rankings de los libros más vendidos en Australia, Brasil, Canadá, España, Estados Unidos, India, México y Reino Unido. A su vez, es coautora de decenas de libros en idioma español e inglés, junto con otros autores de diferentes países.

Escribe apasionadamente con el propósito de nutrir nuestra calidad de vida. Por un lado, sus libros de liderazgo, desarrollo humano, sus novelas y sus sagas de superación personal figuran entre las publicaciones más destacadas. Por otro lado, entrena en escritura a personas sin límite de edad, con diferentes oficios y profesiones, y con capacidades diferentes.

Analía nació, creció y vive en Argentina, país maravilloso, lleno de desafíos constantes. Las crisis que allí atraviesan permiten a sus habitantes aprender destrezas para no estancarse, innovar y crecer.

Ha fundado tres compañías: Éxito Consultora®, Academia Autores de Éxito® y editorial Ediciones Autores de Éxito® con idéntica misión: servir al planeta; además de la Feria del Libro Autores de Éxito® Texas 2024. Asimismo, es cofundadora de Sagas de Éxito® y de Universidad de Éxito®. A través de la Fundación Autores de Éxito®, colabora con personas que atraviesan enfermedades oncológicas, con sobrevivientes de cáncer y con personas con discapacidad para que puedan cumplir el sueño de escribir y publicar sus primeros libros. Le gratifican muchísimo las actividades filantrópicas.

Es la creadora del sistema de enseñanza Analibro®, que permite escribir un libro best seller con un método sistematizado, iniciando desde cero, y de Autores de Éxito Award®, prestigioso premio que se entrega a autores de todo el mundo que han logrado un rotundo éxito con sus libros. También ha creado el Premio Literario Analía Exeni Autores de Éxito®, otorgado por la editorial Ediciones Autores de Éxito® como reconocimiento al talento y la excelencia de autores de todo el mundo, acreditados a través de sus libros, que son semilla que germinará en favor de la cultura mundial. Asimismo, es la fundadora de los galardones Conferencistas de Éxito Award®, Emprendedores de Éxito Award®, Empresarios de Éxito Award®, Líderes de Éxito Award® y el sistema Gestión Integral del Talento Humano®.

A través de sus emprendimientos, se desempeña activamente en más de treinta países.

Entre sus múltiples actividades, trabaja junto a su hija, Delfina Piña Exeni, promoviendo su editorial y sus libros a nivel internacional. Asimismo, ha sido conductora del programa de radio y televisión digital Autores de Éxito®.

En más de dos décadas de trayectoria, ha cosechado mucha felicidad. El camino emprendido parece ser el correcto: a pesar de los golpes, se levanta con una sonrisa y con ganas de brindar a los otros lo más preciado de sí.

Ha recibido el doctorado honoris causa, distinción que fue otorgada en México el 21 de agosto de 2021 por el Colegio Internacional de Profesionistas C&C; el Colegio Internacional de Profesionistas de la Educación y del CAPIE AC; la Academia Española de Literatura Moderna en México; la Academia Internacional de Ciencia, Arte, Cultura y Educación; la Columbus International Business School, y el Registro Nacional de Instituciones y Empresas Científicas y Tecnológica (RENIECYT).

Ha sido distinguida con el premio a la Integridad en Arkansas, Estados Unidos. También fue reconocida en México y en Argentina, naciones ambas donde disfruta dictando, como voluntaria, capacitaciones en hospicios y cárceles. Pero nunca las distinciones son el objetivo de su trabajo, aunque le resulte grato recibirlas y por ello se sienta honrada y agradecida.

Su mayor entusiasmo reside en dejar, a través de sus libros, una huella, un mensaje de esperanza y aliento; que perdure y florezca en infinitos corazones, de generación en generación.

¡Te invitamos a descubrir su universo!

www.analiaexeni.com

AGRADECIMIENTOS

¡Muchas gracias!

A Dios, mi fiel compañero de vida, mi motor, mi inspiración, mi eterno milagro.

A mi amada familia, a Delfina y a Sergio, por ayudarme y motivarme a ser una mejor persona todos los días, por estar presentes en las buenas y malas situaciones haciendo que todo el dolor valga la pena solo por gozar del privilegio de tenerlos en mi vida.

A mis padres, que me dieron el don de la vida y su amor incondicional.

A María Fernanda Rey, por trabajar en equipo dando tanto amor y profesionalismo en la grandiosa labor de la corrección literaria.

A Marta Huerta y a Ramón González, de Contracorriente.com, Madrid, España, por crear la maravillosa portada de este libro con tanta excelencia y magia.

A mis lectores y clientes de todo el mundo: ustedes son mi razón de existir, por ustedes me levanto cada día enamorada y sigo escribiendo apasionadamente, entregándoles mi corazón. Muchas gracias por hacerme tan feliz. ¡Los amo!

A mis amadas mascotas, que me alegran la vida: Suske, Flaquito, y Osito.

A todos mis familiares y amigos alrededor del mundo: los llevo en mi corazón a cada uno.

Este libro cuenta con apoyo de

Otros libros publicados

Disponibles en todos los mercados mundiales de Amazon.

<u>EMPRESARIOS Y EMPRENDEDORES:</u>

- *Máximo potencial y liderazgo ilimitado: Los 40 hábitos de las personas felices y exitosas.*

- *Estrategias de Éxito para el nuevo milenio laboral: Nueva era «Big Bang Brain». La revolución de la creatividad y el talento humano.*

- Saga: *Mujeres y hombres de éxito.*

- Saga de liderazgo: *Liderazgo transformacional.*

- Saga de liderazgo: *Liderazgo para el éxito.*

- *Conferencistas de éxito. Vol. 1: Tu libro.*

- *Emprendedores de éxito. Vol. 1: Tú, autor.*

- *Empresarios de éxito Vol. 1: Tu empresa, tu libro.*

<u>NOVELAS:</u>

- *El olimpo del perdón: Un paraíso espiritual.*

- *Tatuaje en el alma.*

- *La tatuadora de sueños.*

- *Resiliencia: Una historia argentina.*

- *Amor incondicional.*

- *La brújula del amor.*

<u>DESARROLLO HUMANO:</u>

- *Yo sí puedo: 12 pasos hacia una vida maravillosa.*

- Saga de cuentos: *Sueños XXL.*

- Saga de cuentos: *Ama la vida.*

- *Mis 60 libros. Mis 60 proverbios.*

- *Mis 100 libros; mis 100 proverbios: Mi legado de amor para el universo*

- Saga de desarrollo personal: *Aquí y ahora.*

- Saga: *Mantras para ser feliz.*

<u>SAGA *MUJERES DE ÉXITO*</u>*:* LIBROS PARA CRECER SIN PARAR.

- *Mujer líder: No necesitas nada porque lo tienes todo.*

- *Mujer todoterreno: Cómo ser feliz y triunfadora en todos los terrenos de tu vida.*

- *Delfina: 15 cartas para el corazón de una mujer.*

- *Mujer imparable: Conquista tu vida.*

- *¡Soy invencible!: Mi lucha contra el cáncer ¡No le temo a la muerte! Porque... morir no es malo. Lo malo es vivir estando muertos.*

- *Súper mujer: Transformando el dolor en amor.*

- *Las mujeres argentinas somos invencibles.*

<u>SAGA *AUTORES DE ÉXITO*</u>: Vuélvete ¡INMORTAL! Trasciende a través de TU LIBRO.

- *Descubre el autor que vive en ti.*

- *Cómo escribir tu libro iniciando desde cero.*

- *De tu idea a TU LIBRO BEST SELLER: Estrategias para escribir, publicar y lograr un Best Seller paso a paso.*

- *FROM YOUR IDEA TO YOUR BEST SELLER BOOK: Strategies to write, publish and achieve to have a Best Seller book step by step.*

- *El alma de un libro: La trilogía.*

Y muchos libros más a tu disposición para deleitarte e invitarte a edificar tu propio paraíso privado.

¡Te espero en mi biblioteca!

Escribe TU LIBRO

¿Te atreves a escribir?... Esta es tu gran oportunidad de trascender.

▶**«Curso CÓMO ESCRIBIR TU LIBRO *BEST SELLER*»**

Con el método certificado Analibro® de Academia Autores de Éxito®.

- Entrenamiento de excelencia con herramientas profesionales y garantía de éxito.

- Capacitación 100 % *online* con entrega de certificado.

www.analiaexeni.com

Publica TU LIBRO

▶**Ediciones Autores de Éxito® te ofrece la oportunidad de publicar tu libro en todo el mundo y transformarlo en un *Best Seller*.**

¡Vuélvete INMORTAL!

Trasciende a través de tu libro.

www.analiaexeni.com

Te invito a conocer mi universo.

Encontrarás un mundo de éxito y felicidad en los libros que, con muchísimo amor, escribí para ti.

Te espero en Amazon: *https://lnkd.in/gPKXY-6*

Analía Exeni

www.analiaexeni.com

- Fanpage: Analía Exeni Escritora - Autores de Éxito
- YouTube: Analía Exeni Escritora - Autores de Éxito
- LinkedIn: Analía Exeni - Autores de Éxito
- Twitter: Analía Exeni - Autores de Éxito
- Instagram: analía.exeni.autores.de.exito

EQUIPO DE TRABAJO

Autora

Analía Exeni

Editorial Ediciones Autores de Éxito®

Editora

Analía Exeni

www.analiaexeni.com

Corrección literaria

María Fernanda Rey

Diseño de portada

Marta Huerta y Ramón González

Si te gustó este libro, por favor, deja un comentario positivo en

Amazon.

¡Muchas gracias!

Ediciones
Autores
D·EXITO

Delfina Piña Exeni
Manager
Editorial Ediciones Autores de Éxito®
Academia Autores de Éxito®

Premio Literario

«Escribe un libro y deja tu legado de amor como semilla para un mundo mejor».

Ediciones
Autores
D·EXITO

Audiolibros
D·EXITO

Fundación
Autores
D·EXITO

Academia
Autores
D·EXITO

Analía
Exeni

Analibro

Analía Exeni – Autores de Éxito
www.sagasdexito.com
autoresdexito@gmail.com
www.analiaexeni.com